AF370177

VENTE DU MERCREDI 18 MARS 1896

HOTEL DROUOT, SALLE N° 7

à trois heures

DESSINS

AQUARELLES ET GRISAILLES

PAR

Gaston Vuillier

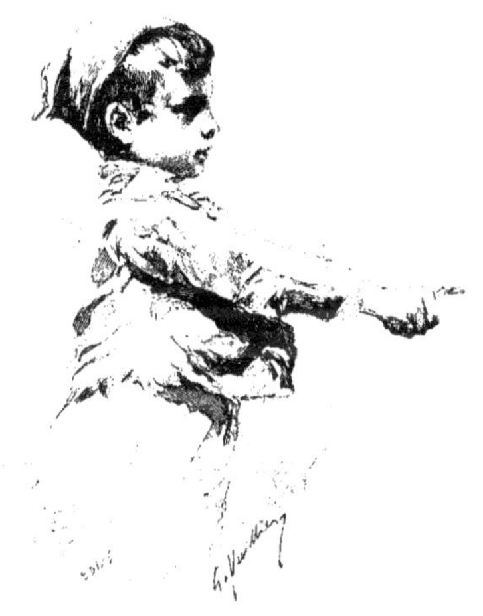

EXPOSITION PUBLIQUE

Le Mardi 17 Mars 1896 de 1 heure 1/2 à 5 heures 1/2

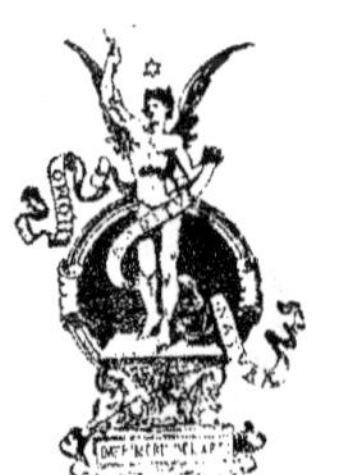

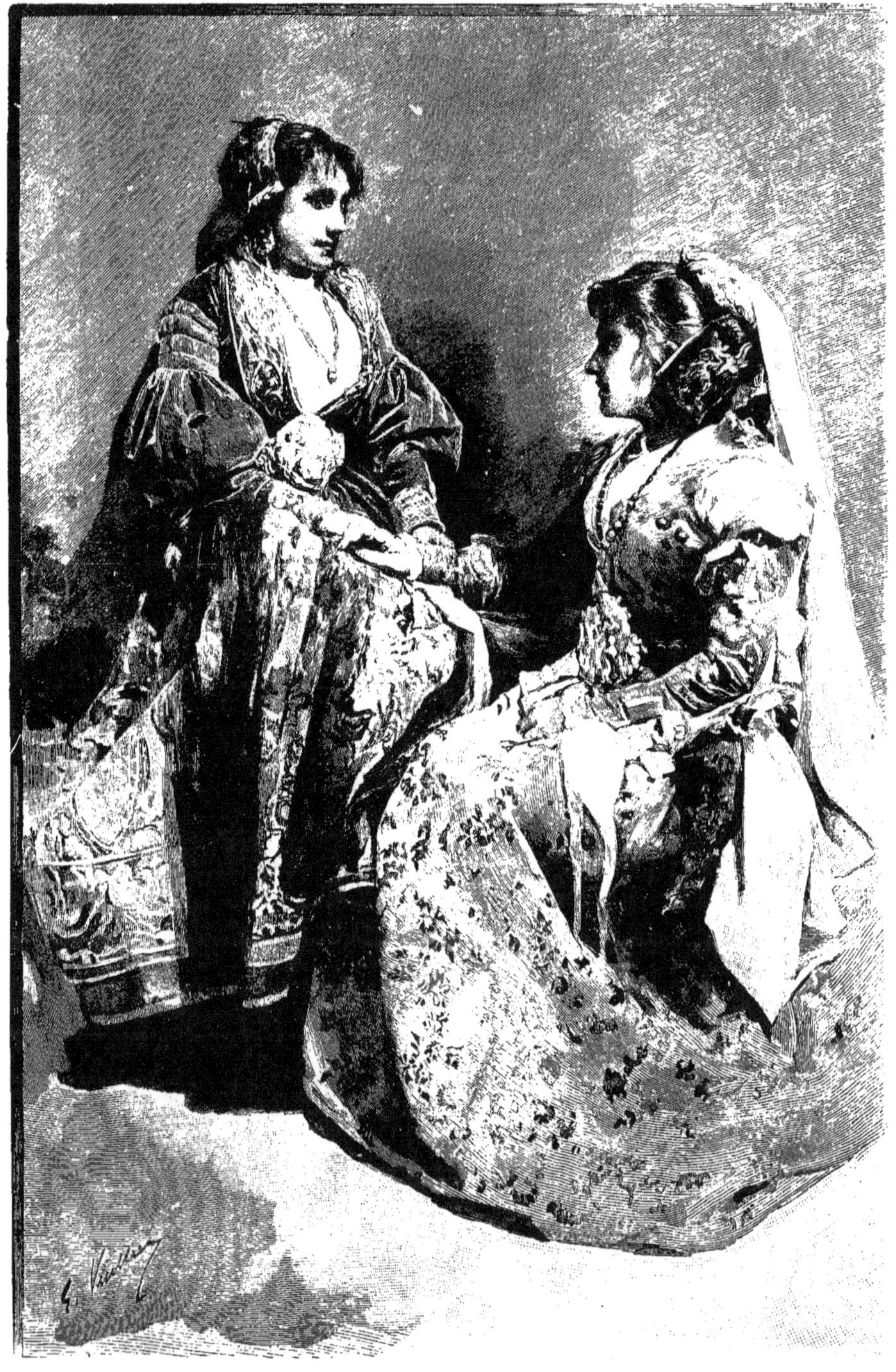

CATALOGUE

DE

DESSINS ORIGINAUX

GRISAILLES & AQUARELLES

PAR

Gaston VUILLIER

Ayant servi à illustrer ses propres œuvres sur :

la « Sicile », les « Iles oubliées », le Limousin
et Rocamadour

Quelques Aquarelles sur l'Écosse

DONT LA VENTE AUX ENCHÈRES PUBLIQUES AURA LIEU

HOTEL DROUOT, SALLE N° 7

Le Mercredi 18 Mars 1896

A TROIS HEURES PRÉCISES

<table>
<tr><td>COMMISSAIRE-PRISEUR</td><td>EXPERT</td></tr>
<tr><td>Me LÉON TUAL</td><td>M. VANNES</td></tr>
<tr><td>56, rue de la Victoire, 56</td><td>54, rue du Faubourg-Montmartre, 54</td></tr>
</table>

EXPOSITION PUBLIQUE

Le Mardi 17 Mars 1896, de 1 heure 1/2 à 5 heures 1/2

CONDITIONS DE LA VENTE

La vente sera faite au comptant.

Les acquéreurs payeront *cinq pour cent* en sus des enchères, applicables aux frais.

Paris. — Imp. de l'Art, E. Moreau et Cⁱᵉ, 41, rue de la Victoire.

DÉSIGNATION

LA SICILE

HORS TEXTE :

DESSINS, AQUARELLES ET GRISAILLES

1 — *Sicilienne de Piana dei Greci, en costume nuptial.*

En 1488, des Albanais fuyant leur patrie fondèrent plusieurs colonies en Sicile. Ils ont conservé les coutumes de leur ancienne patrie et les superbes costumes des ancêtres.

2 — *Siculo-Albanaises.*

En vêtement nuptial et en costume de fête.

3 — *Le « Santo padre ».*

Gardien d'un couvent à Taormine.

4 — *Filles du peuple, de Palerme.*

5 — *Cloître de « San Giovanni degli eremiti ».*

6 — *Le peintre Mario Zizolfo.*

> Peignant des scènes héroïques de l'histoire des Paladins sur une charrette populaire sicilienne.

7 — *A la Fontaine Aréthuse, par une nuit d'été.*

> Cette source rappelle une des plus gracieuses fictions de la mythologie: Les aventures de la nymphe charmante et du fleuve Alphée.

8 — *Contadino de Carini.*

> Paysan des environs de Palerme.

9 — *... Nous examinions le haut panache, les broderies.*

> La laine rouge est un des meilleurs préservatifs contre la *jettatura* ou mauvais sort.

10 — *Le Port de Cefalù.*

11 — *Abords du marché de Palerme.*

12 — *La « Badia Vecchia ».*

> Admirable reste d'architecture normande à Taormine.

13 — *Procession du « Corpus Domini, » à Messine.*

14 — *Un Soir à Syracuse.*

> Les sérénades se font entendre encore dans le silence des nuits, à Syracuse, et souvent de gracieuses apparitions s'y montrent aux balcons.

15 — *La Fontaine de la place du Duomo, à Messine.*

    Œuvre d'un florentin, élève de Michel-Ange.

16 — *Femmes de Lipari limant la pierre ponce.*

    On sait que les îles Lipari fournissent, à peu près seules, la pierre ponce utilisable.

17 — *Éruption de 1892.*

    Les cratères en éruption.

18 — *Éruption de 1892.*

    Un cratère.

19 — *Le Temple de Castor et Pollux, à Agrigente.*

20 — *Le « Duomo » de Palerme.*

    Chef-d'œuvre de l'art siculo-normand.

21 — *A la villa Tasca.*

    Jardin à la flore tropicale des alentours de Palerme.

22 — *Solunte : le Gymnasium.*

    Soluntum après avoir été phénicienne, grecque et romaine, fut détruite par les Sarrasins. Au commencement du siècle, des fouilles ont mis à découvert la ville antique.

23 — *Une Cité des morts au couvent des Capucins de Palerme.*

    Nécropole souterraine où sont conservés environ 8,000 cadavres desséchés.

24 — *Veillée mortuaire.*

> La morte, livide dans son vêtement noir, était immobile comme une statue.

25 — *Un Potier sicilien.*

26 — *Le Temple de Segeste.*

DESSINS ET AQUARELLES

27 — *Porteuse de reliques.*

28 — *Calatafimi.*

29 — *Un Homme du peuple.*

30 — *Au « Foro Italico » par une nuit de printemps.*

31 — *L'Arrivée à Monreale.*

32 — *La Compagne du bandit.*

33 — *A la Fontaine de Piana dei Greci.*

34 — *Costume journalier des femmes de Piana.*

35 — *Une vieille Femme de Piana.*

36 — *... Il y avait des rangées d'hommes.*

> Ces gens, assis au long des rues, attendaient l'heure de la réunion du *fascio dei lavoratori* (faisceau des travailleurs). On sait quelles émeutes organisèrent ces fasci et quelle cruelle répression s'ensuivit naguère.

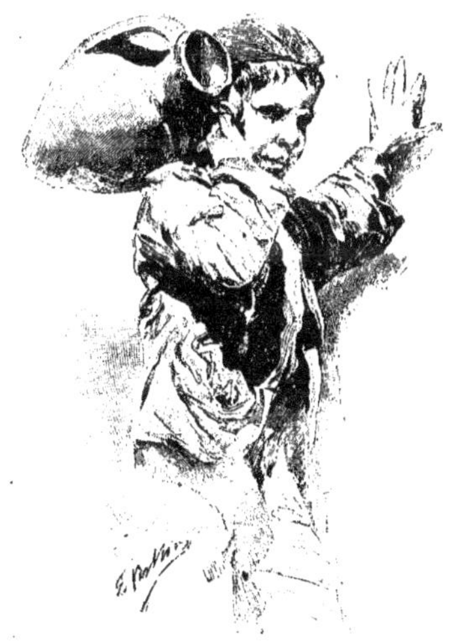

N° 33.

37 — *Ils attendaient l'heure du fascio.*

38 — *Ces gens tiraient des pronostics de l'aspect des étoiles.*

En Sicile, d'après les croyances populaires, chaque étoile est une âme, et les étoiles ont entre elles un langage. Elles tremblent, elles pleurent ou scintillent joyeusement.

39 — *Un vieux de Girgenti.*

40 — *De temps à autre une mélopée plaintive.*

C'était l'appel d'une marchande d'oranges de Girgenti.

41 — *Vieux Palais d'aspect espagnol.*

42 — *Ça, l'Auberge!...*

      Je n'en revenais pas.

43 — *Les « Maccalube », ou volcans de boue.*

      S'il est en Sicile des cratères de feu il est aussi des cratères qui, à intervalles, lancent des jets de boue visqueuse.

44 — *Un Pasteur.*

45 — *Fillette de Cefalù.*

46 — *On entendait les joyeuses lavandières.*

      Elles invoquaient un saint qui a le pouvoir de faire sécher les lessives.

47 — *Femme de San Fratello.*

48 — *Les Solfatares de Caltanissetta.*

      Cirque immense autour duquel lèvent leurs têtes chauves, s'allongent ou s'entassent des monts arides.

49 — *Ils se reposaient enfin...*

      Mineurs de soufre remontant des entrailles de la terre. Ils revoyaient les étoiles, comme ils disent.

50 — *La plupart étaient maigres et pâles.*

      Types de pauvres enfants vendus par les familles en détresse dont l'existence est un véritable martyre.

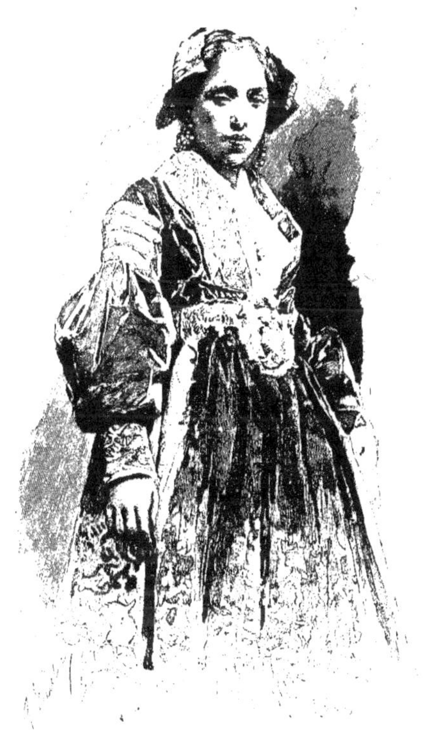

N° 45.

51 — *Un quartier de Castrogiovanni.*

Cette ville, l'antique Enna, fut le berceau de
Cérès.

52 — *C'étaient deux gaillards à fière mine...*
Habitants de Castragiovanni.

53 — *Porteuse d'amphore.*

54 — *Quelle curieuse et charmante procession.*
Fillettes revenant de la fontaine, au crépuscule.

55 — *Une sorte de rapsode.*
Comme Homère, il mendiait en chantant des vers.

56 — *Le " Jettatore ".*
(Le jeteur de sorts.)

57 — *Aci Castello.*
Théâtre des amours du berger Acis et de la nymphe Galathée, et des fureurs de Polyphème.

58 — *Une ruelle à Taormine.*

59 — *Catarina.*
Vieux couvent de Taormine.

60 — *Femme du peuple à Messine.*

61 — *Dame de Messine.*

62 — *Les Tambours.*
Ils précèdent la procession du « Corpus Domini », à Messine.

63 — *Pénitent de la procession du " Corpus Domini ".*

64 — *Le Navire d'argent.*

> A la suite d'un vœu du Sénat, un navire d'argent suit, chaque année, la procession du « Corpus Domini ».

65 — *Un Habitant de l'Etna.*

66 — *Don Pietro.*

> Curé de Canneto (îles Eoliennes).

67 — *Les Rameurs de l'Anapo.*

68 — *L'Autel d'Hieron.*

69 — *Un Homme de Syracuse.*

70 — *Jeune Homme de Syracuse.*

71 — *Latomie du Paradis.*

> Les latomies étaient des carrières d'où furent extraits les matériaux qui servirent à édifier les temples, les monuments et les maisons de l'antique Syracuse.

72 — *Mendiant et Montagnard.*

73 — *Marchand d'images saintes et Berger.*

74 — *Marchand de crabes et Marchand de Zambu.*

75 — *Enfants d'Aderno et de Nicolosi.*

76 — *Femme de Lipari et Fillette de Piana dei Greci.*

77 — *La Faim et Fillette aveugle.*

78 — *Attelage populaire à Catane et Mule en simple harnachement.*

79 — *Jeune Homme de l'Etna et Fillette du peuple.*

80 — *Chanteurs ambulants et devant l'affiche d'un théâtre populaire.*

81 — *Un habitant de Castrogiovanni et le Curé de Canneto.*

82 — *Type d'homme de San Fratello et Sicilien de Palerme.*

LES « ILES OUBLIÉES »

4 AQUARELLES

83 — *Un Char du Campidano en Sardaigne.*

84 — *La Ferme de Subervies (barranco d'Al-gendar)*.

85 — *L'Ayuntamiento de Port-Mahon.*

86 — *Une Rue de Port-Mahon.*

LE LIMOUSIN

2 AQUARELLES

87 — *La grande Cascade de Gimel.*
La plus belle du plateau central.

88 — *Chaumières à Gimel.*

ROCAMADOUR

2 DESSINS

89 — *L'Escalier des pèlerins la veille des Morts.*
Chaque année, le 31 octobre, au crépuscule, les pèlerins, précédés par le clergé, gravissent à genoux l'escalier du sanctuaire.

90 — *Rocamadour.*

ÉCOSSE

10 AQUARELLES

91 — *Le Fjord d'Inverness.*

92 — *Saint-Andrews.*

93 — *Cascade à Portree (île de Skye).*

94 — *Le Lac Maree.*

95 — *Le Château d'Edimbourg.*

96 — *La Bruine au lac Maree.*

97 — *Rowerdenam.*

98 — *Le Lac Pullney près Dunkeld.*

99 — *La Tay à Birnam.*

100 — *Après la piuie à Dunkeld.*